AF278533

LE

GASPILLAGE

FINANCIER

SOUS L'ANCIEN RÉGIME

Conférence donnée à Tourcoing le 21 Juin 1885
sous la présidence de M. DIDE, sénateur,

PAR

M. Paul FOUCART.

———<∞∞∞>———

VALENCIENNES

Imprimerie de Louis HENRY, Marché-aux-Poissons, 2.

—

1885

LE GASPILLAGE FINANCIER

SOUS L'ANCIEN RÉGIME

Le Dimanche 21 Juin a eu lieu à Tourcoing, au profit de la Société du Sou des Écoles laïques et sous la présidence de M. Dide, sénateur du Gard, une conférence ayant pour sujet *le Gaspillage financier sous l'ancien régime*.

A six heures, les orateurs, accompagnés du bureau, font leur entrée sur la scène du théâtre de Tourcoing, et M. Dide, en quelques paroles chaleureuses, souhaite la bienvenue à M. Paul Foucart.

Celui-ci prend ensuite la parole, relève les attaques dont sont chaque jour l'objet, de la part des champions de l'ancien régime, les finances de la République, et déclare que, pour inspirer un peu de modestie à de si virulents critiques, il va montrer ce que la vieille Royauté faisait de l'argent des contribuables.

Puis, il commence un intéressant historique dont nous empruntons l'analyse au journal *le Progrès du Nord*.

Remontant aux origines de la dynastie Capétienne, M. Paul Foucart établit en quelques mots que ses embarras financiers commencèrent avec elle-même. De tous temps, elle fut besogneuse. En théorie, le duc de France, élu roi par les autres chefs féodaux, avait autorité sur tout le territoire de l'ancienne Gaule ; mais en pratique, il n'avait d'autres revenus que ceux de ses domaines. De là, entre ses prétentions politiques et sa réelle puissance, un désaccord qui le poussa vite, en matière fiscale, aux plus coupables expédients. A partir de Philippe-le-Bel surtout, l'altération des monnaies et la persécution des juifs devinrent deux des façons habituelles d'essayer de remplir des coffres qui ressemblaient déjà aux fabuleux tonneaux des Danaïdes. Les terribles revers de la guerre de cent ans amenèrent des convocations d'Etats Généraux qui semblèrent promettre aux finances françaises un mode d'administration plus normal. Mais redevenue victorieuse grâce à l'admirable dévouement de Jeanne d'Arc, la royauté s'arrogea définitivement le droit d'imposer des taxes et d'ordonnancer les dépenses selon son bon plaisir. Les convocations d'Etats Généraux devinrent de plus en plus rares, et, à partir de 1614, la nation cessa totalement d'être consultée.

Sous Henri IV et Richelieu, hommes de génie dont la gloire est le patrimoine de tous les Français et auxquels l'orateur rend en passant un éclatant hommage, les abus ne furent pas trop criants et, s'ils soulevèrent des plaintes, elles furent couvertes par les acclamations que méritèrent au grand roi et au grand ministre les succès de leur politique tant intérieure qu'extérieure. Mais ils devinrent scandaleux avec Mazarin. Digne continuateur de Richelieu dans sa lutte contre la maison d'Autriche, ce parvenu italien eut au contraire, quant à l'argent, des habitudes de valet qui ne songe qu'à emplir ses poches. Fouquet l'imita, mais, moins heureux, ses dilapidations lui valurent, comme chacun sait, une éclatante disgrâce à la suite de laquelle un peu d'ordre fut établi.

Toutefois, cet ordre resta purement extérieur. Le dénonciateur de Fouquet, l'illustre Colbert, avait bien fait admettre que nulle dépense ne serait faite sans ordonnance et que nul paiement ne serait opéré sans l'ordre du contrôleur général ; mais il n'avait pas pu faire admettre de règle

fixe pour l'établissement d'un véritable budget ;
le roi restait maître de gaspiller autant d'argent
que la fantaisie lui en prenait. Le contrôleur général était donc, quant aux dépenses, réduit à l'état
de simple comptable ; il ne pouvait que les consta-
ter après coup sans pouvoir ni les prévoir ni les
arrêter. Néanmoins, sous les trois derniers Bour-
bons, ce fonctionnaire, grâce au soin qui lui in-
combait de préparer la fixation des taxes et de
faire opérer les rentrées, devint le plus indispen-
sable des ministres, de telle sorte qu'un jour, non
sans raison, Pontchartrain put dire à lord
Portland : « Vous avez vu la grandeur et la ma-
» gnificence dont le roi est entouré, l'empresse-
» ment de tous ses sujets à obtenir le moindre de
» ses regards. Hé bien, ce prince si grand et si
» majestueux fait continuellement la cour à son
» contrôleur général. »

C'est qu'en effet, ayant fondé Versailles en dépit
de la nature, et ayant appelé toute la noblesse de
France à y parader autour de lui, Louis XIV eut
immédiatement des besoins d'argent que n'avaient
jamais connus ses prédécesseurs.Désormais, tout
courtisan fut un parasite ; les anciens rivaux des
rois briguèrent l'honneur de remplir auprès de
lui et des siens les plus humbles fonctions do-
mestiques. En revanche, le roi prit l'engagement
tacite de les faire vivre et de leur livrer en pâture
le trésor public. Par là, il prépara directement
la ruine de la France, et, coupable ancêtre, creusa
de ses mains l'abîme où devaient s'engloutir ses
descendants.

La moindre des faveurs que l'on put accorder
à la noblesse était évidemment des exemptions
d'impôt. Payer la taille ! Fi donc : c'était bon
pour les roturiers, puisqu'ils étaient censés y avoir
à jamais consenti sous Charles VII. En vain la
royauté elle-même voulut plus tard réagir et établir des impôts, tels que la capitation, frappant
tous les citoyens. Le pli était pris, et leur vanité

n'y étant pas moins intéressée que leur cupidité, les nobles trouvèrent de mille façons le moyen d'en rejeter le fardeau sur le tiers état, d'autant plus chargé qu'il était déjà plus appauvri.

Des pensions et des sinécures, des gratifications incessantes, furent pour la noblesse les moyens ordinaires de soutenir son luxe. Ses prétentions croissaient en raison inverse de ses services. Les *Mémoires du duc de Saint-Simon* nous révèlent ce qu'elle coûtait annuellement à la France ; ils nous montrent jusqu'à une pension de 150,000 livres accordée à un enfant de deux jours. Les charges de la cour étaient innombrables et presque toutes plus grotesques les unes que les autres. Le roi n'en était pas mieux servi et l'orateur fait beaucoup rire l'auditoire en montrant, d'après Saint-Simon, les duchesses et les dames d'honneurs se disputant le droit de donner la chemise à la reine. Une fonction devenait-elle superflue ou dangereuse ? On lui conservait néanmoins un titulaire et des appointements. C'est ainsi que certains gouverneurs de provinces avaient ordre de rester à la cour tout en étant payés beaucoup plus que s'ils faisaient quelque chose d'utile, celui du Languedoc, par exemple, recevant à la fin de l'ancien régime 160,000 livres par an, chacun de ses trois lieutenants 16,000 et le titulaire du petit gouvernement du Hâvre 35,000.

Mais tout cela n'était pour ainsi dire rien auprès des acquits au porteur et au comptant tirés par le roi sur le Trésor. Ces acquits servaient à payer les services secrets, à entretenir les maîtresses, à nourrir les bâtards. Le roi en avait toujours à sa disposition et le contrôleur devait y faire face avant tout. C'était là la plaie principale, le vrai et triomphal moyen de vider la caisse !.

Par suite de ce système de dépense, si effréné que Louis XIV en eut honte lui-même et fit détruire les comptes de Versailles afin que la postérité ne pût savoir exactement ce qu'a coûté à la

France ce « favori sans mérite », le déficit devenait effrayant ; pendant les dernières et tristes
guerres du règne, il atteignit 3 milliards 65 millions environ, somme qu'il faut quadrupler,
comme toutes celles que nous avons citées et
toutes celles que nous citerons encore, pour les
mettre en accord avec la valeur actuelle de la
monnaie. Afin d'y faire face tant bien que mal,
on eut recours à de honteux expédients, où se
manifeste, avec sa malfaisante fécondité, l'esprit
fiscal de cette triste époque. Anticipation sur les
revenus de l'année suivante, vente de lettres de
noblesse, recherche de faux nobles pour les obliger à acheter de nouveaux titres, restitutions
imposées aux traitants et dont ceux-ci, une fois
prévenus, firent à l'avance payer les frais par
l'Etat lui-même, enfin, création d'offices, tels
furent quelques-uns des moyens employés.

De tous, le dernier fut peut-être le pire ; pour
remplir les actes les plus vulgaires comme les
plus compliqués de la vie, on eut désormais à
payer de grasses redevances aux acquéreurs de
ces parchemins stupides : on créa des essayeurs
d'étain, des contrôleurs des bans de mariage, et
jusqu'à des contrôleurs des perruques ! En quatorze ans, le roi se procura ainsi 257 millions.
Des charges de maîtres de requêtes se vendirent
1,520,000 livres : des charges d'intendants de
finances 1,200,000. L'édit de 1692 qui, supprimant
toute liberté municipale, érigea en titres d'offices
les fonctions de maires et d'échevins n'eut qu'une
origine fiscale. La riche bourgeoisie se jetait là-
dessus avec avidité : « Sire, » disait un courtisan à
Louis XIV, « votre majesté a beau créer des offices,
elle trouve toujours des sots pour les acheter. »
Pas si sots néanmoins, puisqu'ils faisaient un bon
placement et s'exemptaient désormais des charges roturières.

En même temps que les dépenses, augmentait
la dureté d'impôts plus mauvais encore par leur

mode de perception que par leur assiette. Sous
ce rapport, la gabelle est restée légendaire. Chaque individu, âgé d'au moins 8 ans, devait acheter un minimum déterminé de sel, lequel ne pouvait servir qu'à la cuisine. On devait en acheter
d'autres pour les conserves, et certains industriels, tels que les fabricants de cuir, en recevaient d'empoisonné. Les mesures les plus barbares étaient prises dans le but d'éviter les fraudes. Ainsi, les pays producteurs de sel gemme et
les contrées maritimes se trouvaient soumis à un
véritable état de siège. Malheur à la ménagère qui
aurait puisé à la mer un peu d'eau salée pour
faire cuire ses légumes ! Malheur aussi à l'animal
qui se serait approché des grèves pour y paître
de l'herbe salée ! L'une aurait été punie, l'autre
confisqué. On détruisait les dépôts salins qui se
formaient naturellement sur les côtes de la Méditerranée ; on forçait les marins amenant des
poissons salés à jeter à la mer, avant de débarquer, le sel de leurs barils. Odieuse tyrannie, qui
s'accroissait encore des différences de prix variant,
selon les diverses régions, de 50 sous à 62 livres. De là aux frontières de chaque zone, une
active contrebande dont se mêlaient, comme aujourd'hui pour celle des tabacs, jusqu'à des
chiens dressés dans ce but. De là aussi parfois la
révolte de provinces entières contre les agents
de la ferme, celle de la Basse-Bretagne, par
exemple, en 1675. L'armée était alors appelée
pour prêter main-forte, mais souvent, touchés
au cœur, les soldats se faisaient les complices
des contrebandiers ; d'où la mort pour les uns et
les galères pour les autres. Dans une seule année,
en 1783, un commis à la ferme constatait que,
pour le fait des gabelles, 4,000 saisies domiciliaires avaient été exécutées et 11,100 personnes arrêtées ; et que, sur 6,000 forçats qui ramaient sur
les galères du roi, un tiers était composé de contrebandiers.

Après une Régence célèbre, marquée par le triomphe du système de Law suivie de son effondrement, et qui n'améliora rien au point de vue financier, Louis XV commença assez bien, supprimant une partie des pensions accordées par son arrière grand père, réduisant celles accordées par son cousin. Mais, loin de profiter au peuple, ces médiocres économies ne devaient servir qu'à alimenter des prodigalités nouvelles. Bientôt, en effet, vinrent les maîtresses, nobles d'abord, puis bourgeoises, puis ramassées n'importe où : Mesdames de Nesle et de Tournelle, cédant la place à la petite Poisson, dont le roi fit la marquise de Pompadour, et qui, si elle se sauve à demi auprès de la postérité grâce à la protection qu'elle accorda à un certain nombre d'artistes et de gens de lettres, eut le tort immense, lorsque son amant se montra fatigué d'elle et qu'elle voulut néanmoins conserver son crédit, de se faire la pourvoyeuse des plaisirs de ce vieux polisson. Le *Parc au Cerf*, maison où étaient tenues quelques filles choisies à l'usage du roi et où celui-ci se rendait clandestinement en se faisant passer pour un riche gentilhomme, dévora des millions, en attendant que les succès de la du Barry vinssent dignement couronner ce règne libidineux.

Pour payer ces débauches, la taille, de 36 millions, avait été portée à 90, et le dixième puis les deux vingtièmes étaient venus ajouter encore aux charges mal réparties supportées par le tiers-état, que la corvée royale, étendue à tous les travaux d'utilité publique, venait en outre, vers la même époque, priver du meilleur de son temps. Mais ce ne fut pas assez et personne n'ignore qu'afin d'augmenter ses ressources, Louis XV se fit le croupier de ses propres fermiers-généraux, et inventa le *Pacte de famine*, spéculant sur les blés afin de s'enrichir des souffrances de son peuple.

« Après moi le déluge ! » tel est son mot favori. Et en effet, la France, épuisée par l'impôt, battue et humiliée par des guerres malheureuses, semblait une proie toute prête pour quelque prochain cataclisme. Depuis la mort de Colbert, la population était restée à peu près stationnaire, et fatigué de voir impitoyablement enlever par le fisc le fruit de ses épargnes, le paysan ne travaillait plus que dans les limites du strict nécessaire.

Mais une telle nation ne pouvait périr. Emus de son appauvrissement, quelques bons citoyens se mirent à rechercher les lois qui président à la création ainsi qu'à la répartition de la richesse, et s'appliquèrent à tourner vers ces difficiles problèmes l'attention publique. Leurs efforts ne demeurèrent pas stériles ; et si Voltaire eut le tort de plaisanter les physiocrates, il eut en revanche le mérite d'être des premiers à applaudir lorsque, au début du règne de Louis XVI, l'arrivée au ministère de Turgot, leur disciple, permit de croire que la royauté était enfin décidée à faire amende honorable et à corriger les abus qu'elle même avait jadis établis et enracinés.

Comme tant d'autres, cet espoir était vain ! Miné par la déplorable influence de la reine, non moins que par celle des courtisans dont ces abus étaient depuis si longtemps la principale ressource, Turgot, remercié au bout de quelques mois, vit son œuvre en partie détruite. La royauté insoucieuse ne savait pas qu'elle brisait en lui le dernier instrument de son salut, puisqu'en refusant définitivement de suivre l'opinion et d'opérer les pacifiques réformes que chacun espérait, elle ne laissait de secours que dans une révolution violente : révolution bénie, malgré les malheurs qu'elle devait entraîner, puisqu'elle seule désormais pouvait ouvrir à deux battants les portes des temps nouveaux !

A partir du renvoi de Turgot, M. Paul Foucart montre la royauté pareille à un navire désemparé, balloté par des flots contraires, et marchant aveuglément à sa perte. Après avoir repoussé le médecin qui l'eut guérie, elle eut recours à un empirique, Necker, honnête homme, financier habile, mais sans perspicacité politique, sans principes nets et sans grandes vues d'avenir. Pour faire face aux dépenses de la guerre d'Amérique, il emprunta 530 millions payables en rentes viagères, et, n'osant trancher dans le vif, il se borna à restreindre quelque peu les plus scandaleuses prodigalités. Les pensions dévoraient jusqu'à 51 millions, somme double de celles d'aucun pays d'Europe. Les Noailles touchaient ensemble un million 750.000 livres ; un membre de la famille de Polignac, 80.000. Un ancien président recevait jusqu'à trois pensions de 22.720 livres chacune, toutes motivées par les mêmes services. Une pension de 25.000 livres avait été accordée à une dame uniquement pour faciliter son mariage. Enfin, chose assez comique, un perruquier était pensionné pour avoir coiffé une fille du comte d'Artois, morte à 3 ans avant d'avoir eu des cheveux ! D'un autre côté, ce que l'on nommait la *Maison du roi* était un réceptacle d'énormités. Nombre d'officiers étaient à la fois fournisseurs, apprêteurs et convives, se faisant payer par le Trésor les denrées qu'ils devaient eux-mêmes consommer.

Necker donna noblement l'exemple en refusant pour lui-même les appointements et les pots de vin d'usage. Puis il supprima la charge de grand maître de la maison du roi, les trésoriers de la bouche, de l'argenterie, des écuries, ceux de la maison de la reine; et réduisit de moitié ces sortes de dépenses. « Que font au roi mille écus ? » disaient certains courtisans. « C'est la taille d'un village, » répondait Necker. Enhardi par son amour de la popularité, il voulut mettre le public au courant de la façon dont s'administraient les finances et publia le fameux *Compte-Rendu* où il exposait, non sans bien des atténuations, l'état du trésor. Audacieuse nouveauté, cet ouvrage obtint un tel succès que 6,000 exemplaires en furent vendus le premier jour. Mais c'en était trop : l'ancien régime ne pouvait s'accommoder de la lumière, et sous le premier prétexte venu, Necker ne tarda pas à être disgracié.

« Dieu nous préserve des honnêtes gens ! » s'écriaient les courtisans après sa chute. Le roi Louis XVI partagea cet avis, et il nomma Calonne contrôleur général. « Pour cette place, » disait Figaro, « il fallait un calculateur ; ce fut un danseur qui l'obtint. » Mais un danseur aimable entre tous, et bien fait pour transformer les derniers jours de la royauté en une amusante orgie.

Grâces, faveurs, largesses, plurent de nouveau sur les gens de cour. Lui-même avait donné l'exemple en commençant par faire payer ses 220,000 livres de dettes par le roi. Plus de visage morose, plus de refus chez le contrôleur général : il recevait les solliciteurs à bras ouverts, allant parfois au devant de leurs désirs. N'aviez-vous rien encore ? il vous accordait une pension viagère. Aviez-vous déjà une pension viagère ? il la rendait perpétuelle. Un jour, il envoya à des dames des pistaches enveloppées dans des billets de la caisse d'escompte ! Chacun avait son lot : au roi, qui ne savait déjà que faire de ses chateaux, il acheta Rambouillet moyennant 14 millions; à la reine, qui ne pouvait évidemment être moins bien traitée, il acheta Saint-Cloud moyennant 15 millions ; il immobilisa encore des sommes énormes dans des acquisitions d'inutiles domaines tels que la maison de Beaujon, Chanteloup, le duché d'Amboise, échangeant à perte quand il ne trouvait plus à acheter. En un mot, il mit la folie à l'ordre du jour et la transforma en moyen de gouvernement.

Quel secret avait donc Calonne pour faire face à de si prodigieuses prodigalités ? Rien de plus simple : c'était l'emprunt, encore l'emprunt, toujours l'emprunt, et l'emprunt sans garantie ni amortissement. En quelques années et en pleine paix, il se procura ainsi 650 millions 500,000 livres dont l'intérêt annuel ne fut pas moindre de 45 millions 420,000 livres.

Mais tout a une fin, et le *Mane, Thecel, Pharès* de la Bible put un jour se lire sur les murs de Versailles comme, dit-on, il avait été lu jadis sur ceux de la salle où festoyait Balthazar. A force d'être saignée, la caisse se trouva définitivement à sec. Alors Calonne changea de langage ; le diable, en devenant vieux, se fit ermite, et le prodigue mit un faux-nez de réformateur. Dans un mémoire présenté au roi en 1785, il dénonça comme la cause du mal les privilèges et les distinctions, indiquant comme le remède une loi de justice et d'égalité et tenant un austère langage que n'auraient désavoué ni Vauban, ni Turgot, ni Necker !

Cette impudente comédie avait pour but de préparer une assemblée de notables, soigneusement choisis par lui, à laquelle, dans son horreur des Etats, Louis XVI, à bout de ressources, se résignait à demander des subsides. A cet assemblée, Calonne se hissant lui-même sur le pavoi, présenta un exposé fantaisiste de la situation. Il finit pourtant par avouer qu'en dix ans, de 1776 à 1786, le roi avait emprunté un milliard 250 millions et que le déficit était annuellement de 80 millions.

D'après son plan, les notables n'avaient qu'à voter les fonds et à s'en aller. Mais, se refusant à ce rôle de simples comparses, ils exigèrent, avant tout, des pièces comptables. Ils finirent par les obtenir, et ils crurent y trouver la preuve que ce déficit était non de 80 mais de 112 millions. Ainsi dévoilé, Calonne se sauva comme un mauvais auteur sifflé, et Loménie de Brienne, qui lui succéda après un court interrègne, arrêta tant bien que mal le vrai déficit annuel à 140 millions ; puis, il s'empressa de disperser l'assemblée malencontreuse dont l'obstination avait tout perdu.

Que restait-il à faire ? A convoquer les Etats Généraux, à remettre à la nation le soin de se sauver elle-même, puisque la royauté n'avait pu y parvenir. Mais l'incapable Louis XVI, qui passait tout son temps à chasser et à fabriquer des serrures, voulut encore reculer, faire enregistrer des taxes par le Parlement, lequel s'y refusa ; et il usa ses dernières forces dans des exils et des lits de justice, qui n'eurent d'autre résultat sérieux que d'augmenter le prestige de ses adversaires.

Rien ne pouvait désormais arrêter la catastrophe que l'accumulation de tant de fautes avait rendue inévitable.Chacun sait que Brienne tomba, que Necker revint au pouvoir et que l'Assemblée nationale fut enfin réunie. Inutile d'insister sur les détails de cet imbroglio, à l'heure où le dénoûment est si proche, et où la Révolution va venir enfin, à côté de tant d'autres bienfaits, établir dans nos finances l'ordre que la monarchie, même en ses plus beaux temps, avait toujours été impuissante à y faire régner.

L'orateur termine par un parallèle rapide entre notre situation actuelle, où chaque recette et chaque dépense sont, au su de tous, préalablement votées par deux Chambres élues, et où l'ordonnancement des fonds est minutieusement vérifié après coup par la Cour des comptes, avec le gaspillage insensé dont il vient de tracer le tableau ; et il demande à ses auditeurs, fils comme lui du Tiers-Etat, s'ils n'aiment pas mieux mille fois leur sort que celui de leurs pères, si, à la qualité d'humbles sujets taillables et corvéables à merci de la Royauté d'autrefois, ils ne préfèrent pas celle de libres citoyens de la République d'aujourd'hui.

Par les applaudissements qui accueillent ces dernières paroles, les assistants marquent de la façon la plus claire de quel côté se tournent leurs préférences.

Après que ces applaudissement se sont calmés, M. le sénateur Dide, avec la chaude et puissante éloquence qu'on lui connaît, parle de la situation électorale en général et particulièrement de celle du département du Nord. Nous n'avons pas besoin de dire qu'il est écouté avec un intérêt toujours croissant. M. le sénateur Dide est un de ces orateurs exceptionnels qui s'imposent. Pendant trois quarts d'heure, il tient l'assemblée sous le charme de sa parole, et sa superbe péroraison est acclamée.

Valenciennes. — Imp. Louis Henry.

17

www.ingramcontent.com/pod-product-compliance
Lightning Source LLC
Chambersburg PA
CBHW071656030726

47598CB00005B/2098